LIBRO PARA C(

VEHÍCULOS

PARA

NIÑOS

2 AÑOS +

COCHE CLÁSICO

ATV

MINICAMIÓN

GLOBO AEROSTÁTICO

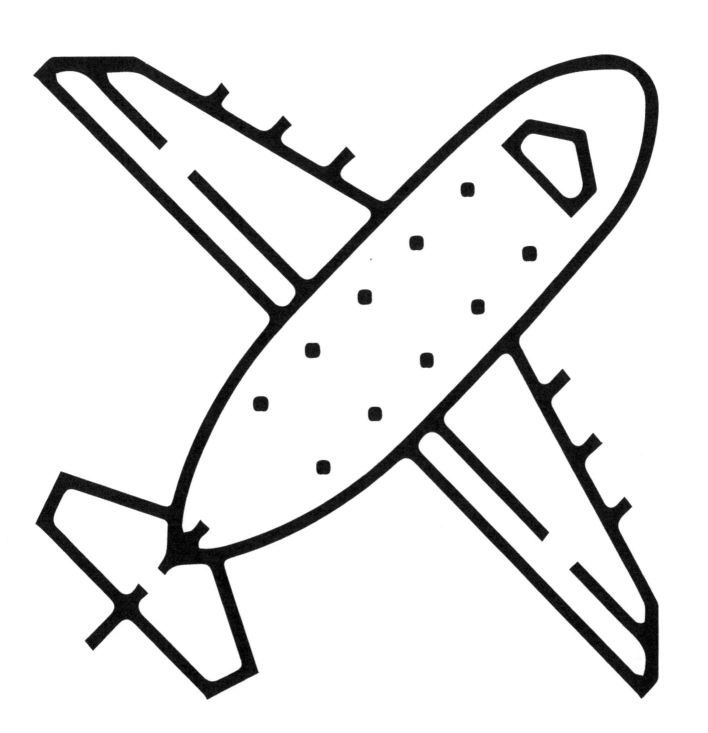

AVIÓN

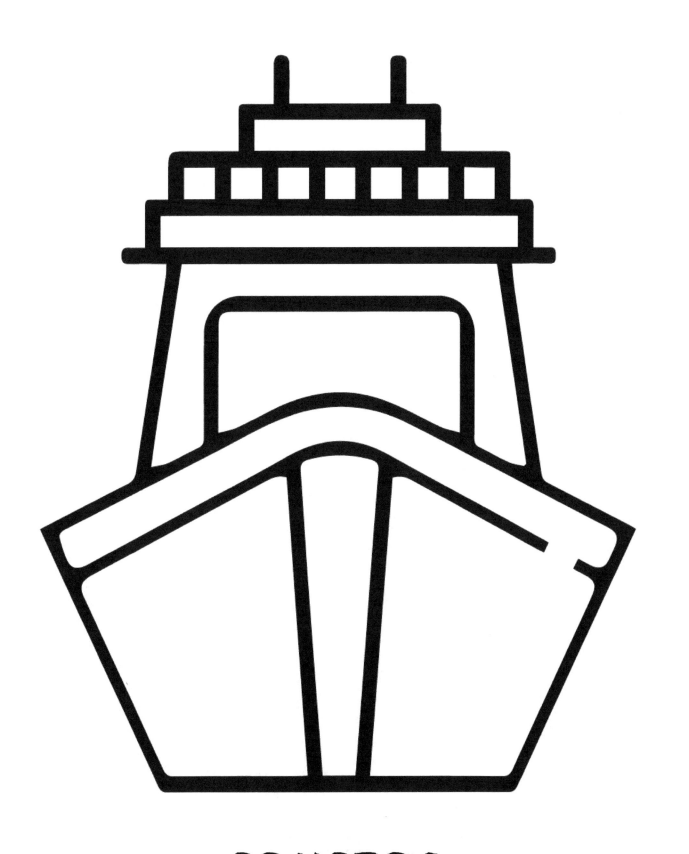

CRUCERO

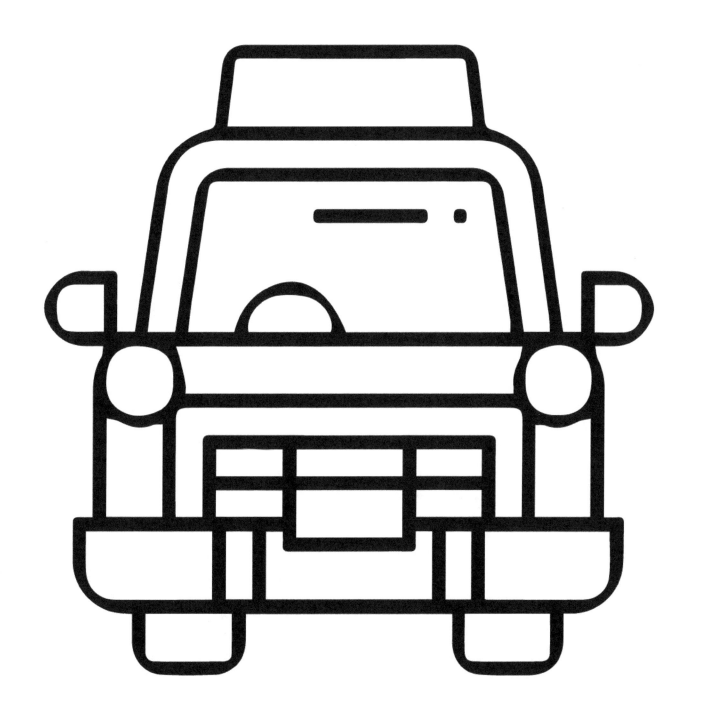

TAXI CLÁSICO

MOTO

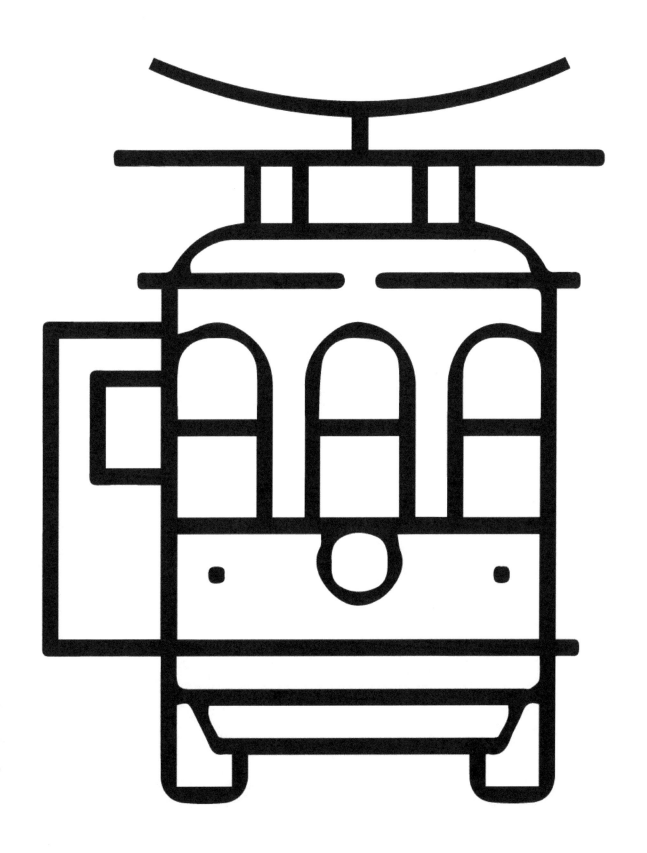

TELEFÉRICO

GOLF EN COCHE

VIEJO TREN

CAMIONETA

CAMIÓN PESADO

CAMIÓN MONSTRUO

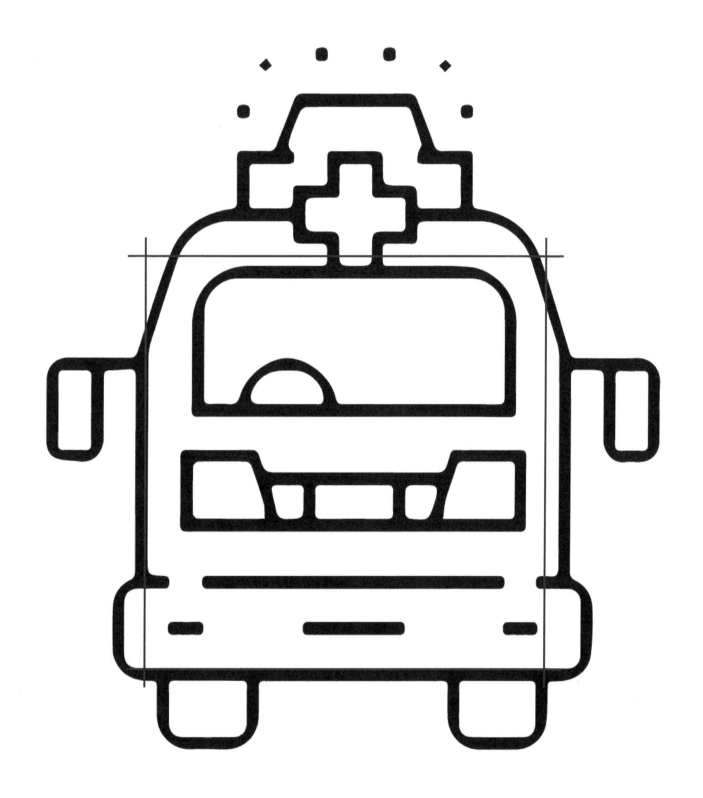

AMBULANCIA

MOTO DE NIEVE

HELICÓPTERO

CAMIÓN DE
PLATAFORMA

JEEP

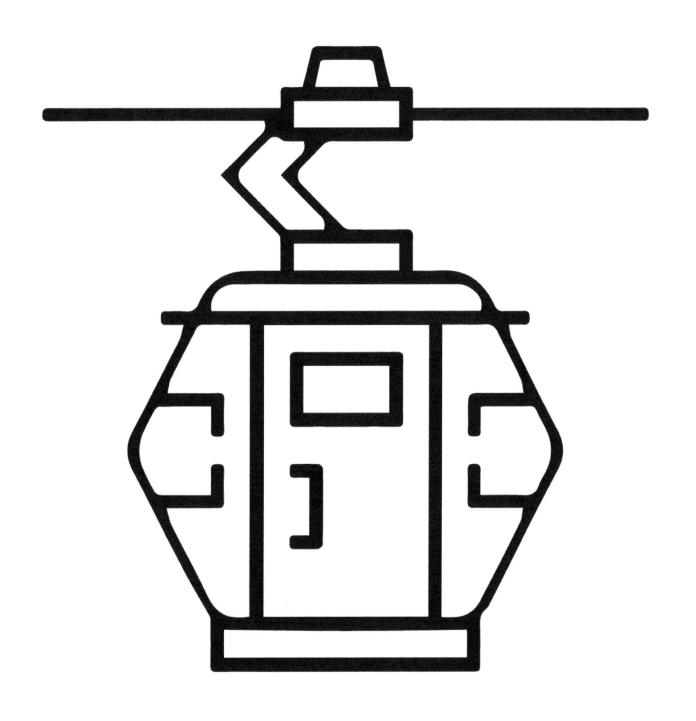

MONTAÑA DEL
TELEFÉRICO

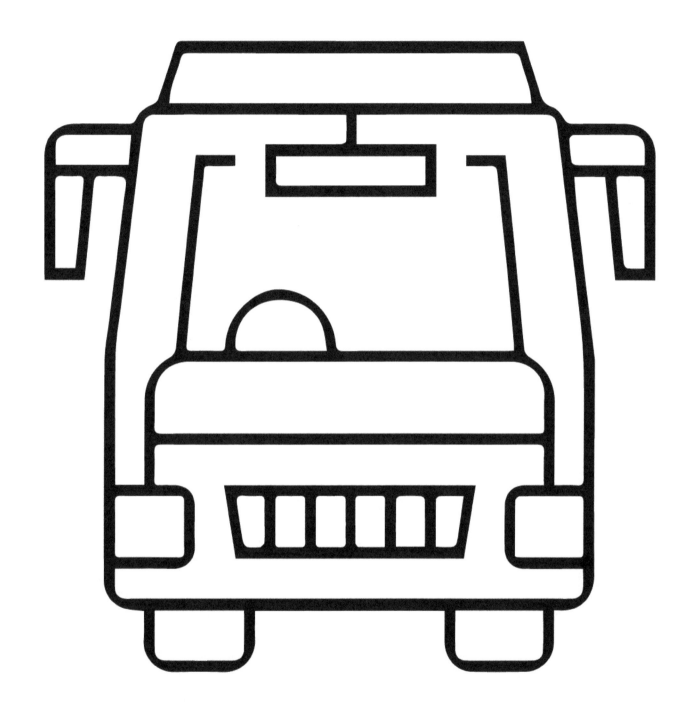

AUTOBÚS

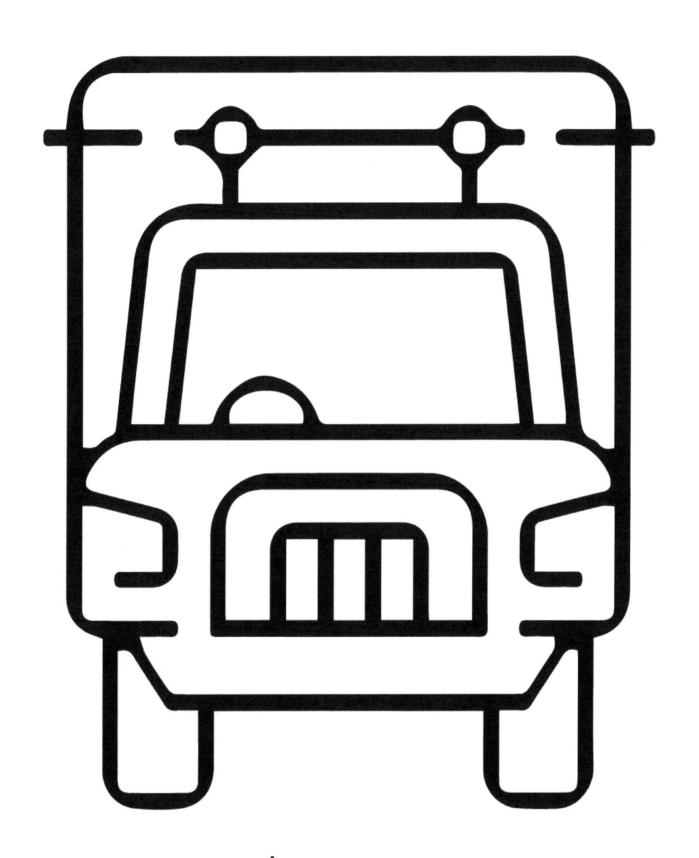

CAMIÓN VOLQUETE

COCHE ELÉCTRICO

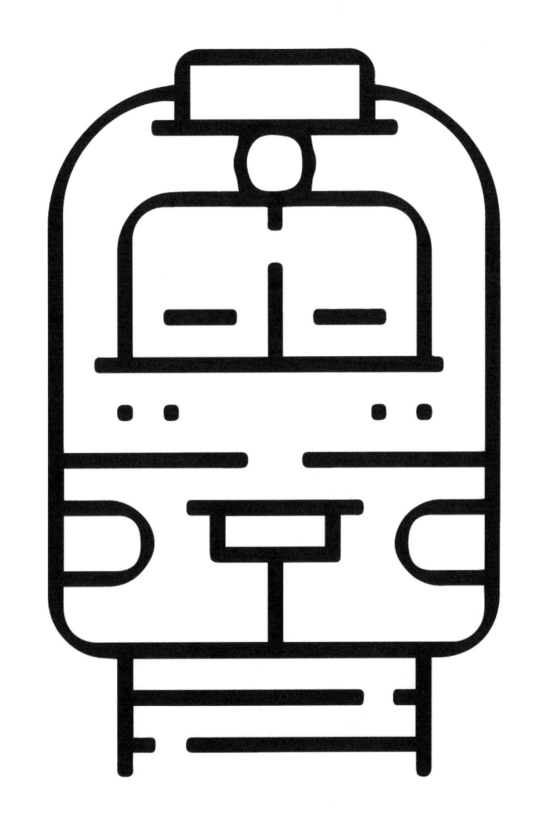

TREN

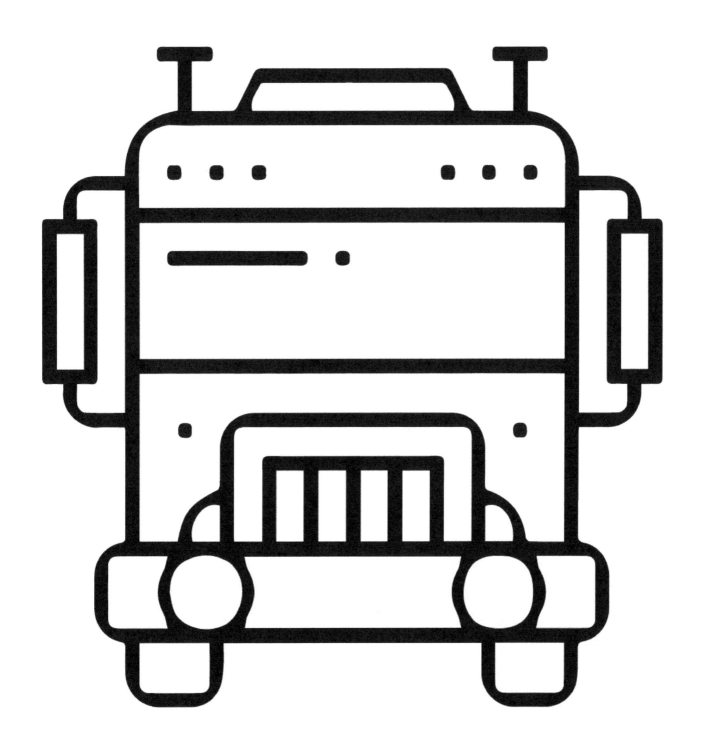

CAMIÓN DE BOMBEROS

CAMIÓN DE AVENTURA

VAN

Gracias.

Espero que haya disfrutado de nuestro libro.

Como pequeña empresa familiar sus comentarios son muy importantes para nosotros.

Por favor, háganos saber si le gustan nuestros libros en

publishbookcompany@gmail.com

CPSIA information can be obtained
at www.ICGtesting.com
Printed in the USA
BVHW052141070521
606759BV00007B/1151

9 788315 448250